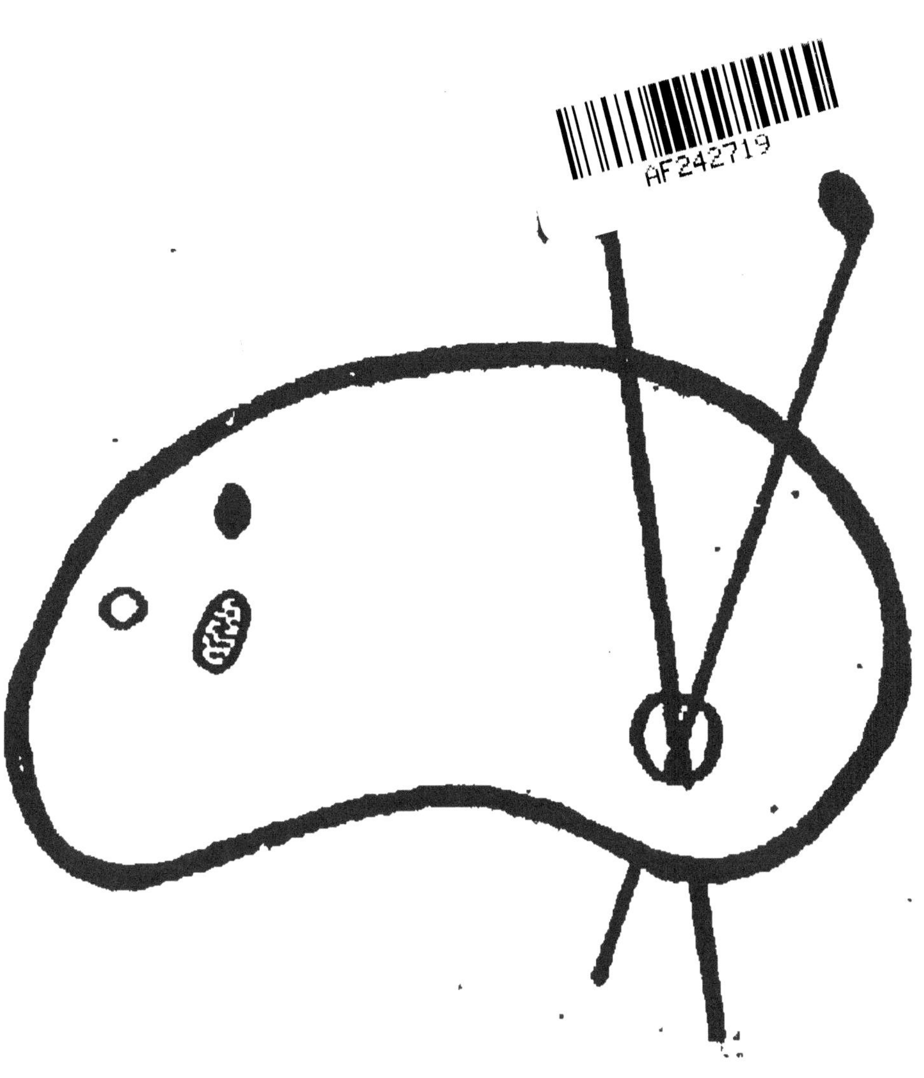

DEBUT D'UNE SERIE DE DOCUMENTS
EN COULEUR

NOS
FRANCHISES SAVOYARDES
ET LA LIBERTÉ

OU

LES PP. CAPUCINS

Devant le Conseil municipal de Chambéry

(Séance du 5 Novembre 1901)

> Vous pouvez compter, Messieurs, que mon gouvernement aura toujours des égards particuliers pour les habitants du département du Mont-Blanc ; car, je sais, pour en avoir fait l'expérience, que l'affection de ses populations frontières vaut plus pour la défense d'une nation qu'une rangée de forteresses.
>
> *(Paroles de Napoléon Iᵉʳ, aux Membres du Conseil municipal de Chambéry, le 17 Avril 1805.)*

CHAMBÉRY
IMPRIMERIE SAVOISIENNE
5, Rue du Château, 5

—

1901

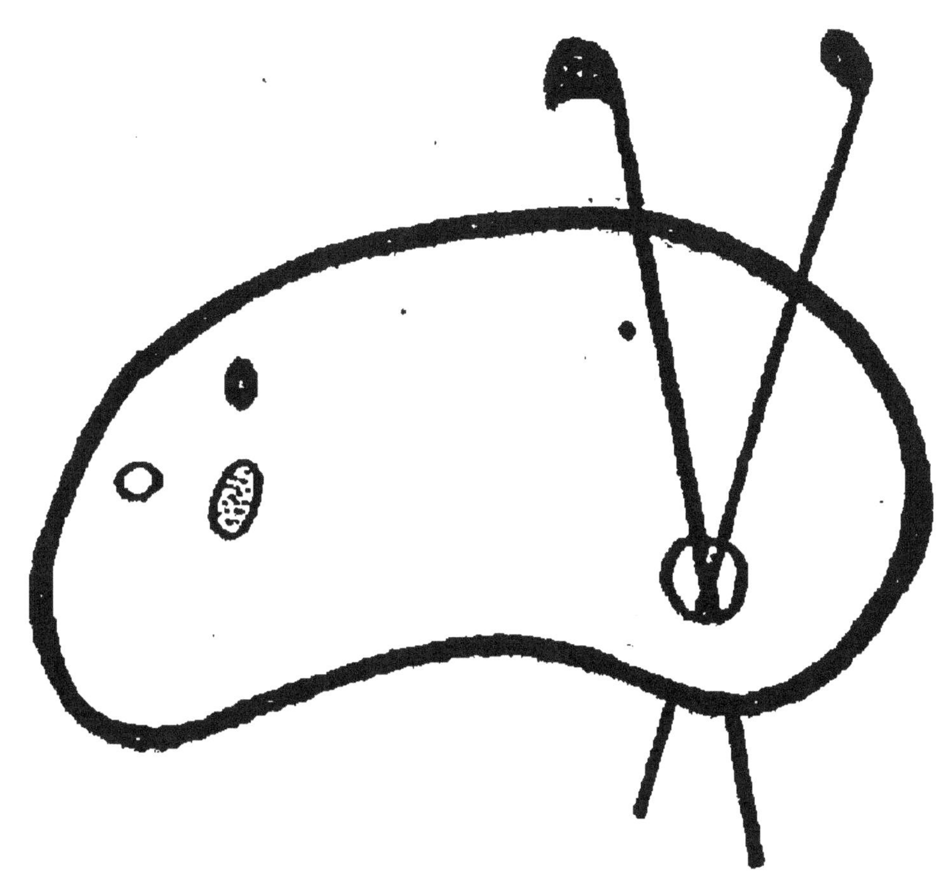

FIN D'UNE SERIE DE DOCUMENTS
EN COULEUR

NOS
FRANCHISES SAVOYARDES
ET LA LIBERTÉ

OU

LES PP. CAPUCINS

Devant le Conseil municipal de Chambéry

(Séance du 5 Novembre 1901)

> Vous pouvez compter, Messieurs, que mon gouvernement aura toujours des égards particuliers pour les habitants du département du Mont-Blanc ; car, je sais, pour en avoir fait l'expérience, que l'affection de ses populations frontières vaut plus pour la défense d'une nation qu'une rangée de forteresses.
>
> *(Paroles de Napoléon Ier, aux Membres du Conseil municipal de Chambéry, le 17 Avril 1805.)*

CHAMBÉRY
IMPRIMERIE SAVOISIENNE
5, Rue du Château, 5

1901

LES PP. CAPUCINS

Citoyens de Chambéry depuis trois siècles

———

Les PP. Capucins sont établis sur le territoire de la Commune de Chambéry depuis l'année 1576, à la demande même du Prince Emmanuel-Philibert, Duc de Savoie, qui était le *Souverain* ou le *Gouvernement* d'alors. Chassés en 1792 par la Révolution française, ils rentrèrent dans notre ville en 1818, avec l'autorisation du Roi de Sardaigne, Victor-Emmanuel I", qui leur vendit lui-même le Couvent du faubourg Montmélian, et les approuva par *lettres patentes* du 1" octobre 1818.

Le 29 mai 1855, le Gouvernement sarde promulguait la loi dite d'*Incamération,* dont l'article 1" était ainsi conçu : « Cessent d'exister comme êtres « moraux reconnus par la loi civile, les Maisons « d'Ordres religieux existant dans les Etats, qui « ne s'adonnent pas à la *prédication,* à l'*enseigne- « ment* ou à l'*assistance des malades.* »

Les PP. Capucins *prêchent,* c'est connu de tout le monde. Ils *enseignaient,* en 1855, aux Iles Seychelles, où ils tenaient des écoles, et à Saint-Paul (Brésil), où ils étaient chargés du Grand et du Petit Séminaire Enfin, ils *assistent les malades* — *spirituellement,* tous les jours, — *corporellement,* quand besoin est, comme l'atteste leur dévoûment durant la peste de 1629-1630 et les épidémies cholériques de 1854 et de 1867.

La loi de 1855 ne les atteignait donc pas.

Toutefois, le Ministre voulut la leur appliquer. Cet acte d'injustice souleva l'indignation générale (1). Les PP. Capucins en appelèrent aux Tribunaux, qui, dans l'indépendance de la justice, leur donnèrent gain de cause. Un enfant de 12 ans aurait du reste donné raison aux PP. Capucins en affirmant que ces Religieux *préchaient*, puisque l'un d'eux venait de *précher* les exercices préparatoires à sa 1ère Communion !

Le Gouvernement piémontais, condamné par les magistrats de Bonneville et de Chambéry, en rappela à Turin. Mais, pendant ce temps, avait lieu l'*Annexion*, et en unissant la Savoie à la France, Napoléon III suspendit toute poursuite (2). Il n'approuva pas, il est vrai, les PP. Capucins, qui n'en avaient pas besoin ; il les reçut tels qu'ils étaient, c'est-à-dire *approuvés*.

Depuis 1860, les PP. Capucins des anciens Couvents de Savoie ont toujours été considérés comme approuvés par le Gouvernement français. On en trouvera les preuves formulées plus loin, dans la

---

(1) Les Syndics, les Juges de Mandement et leurs suppléants, requis de prêter leur concours aux actes d'exécution, répondirent presque tous par un refus. M. Naz, juge du mandement de Chambéry, formul le sien en ces termes : « Chargé par mes fonctions et par mon serment de réprimer le vol, vous voudriez m'imposer de m'en rendre coupable ? Jamais ! je dois avant tout obéissance à Dieu, mon Créateur et qui sera mon Juge. — 19 juillet 1855. »

Le Syndic de Chambéry, M. Louis Martin, écrivit le même jour : « Coopérer à une telle iniquité m'est impossible. Je n'ai pas sollicité le poste que j'occupe, je le quitterai quand on voudra ; mais, tant que j'y serai, non seulement je ne ferai pas ce que l'on me demande ni ne déléguerai aucun des Messieurs du Conseil municipal à ma place, mais je défendrai à tous mes subordonnés de s'y prêter à peine de destitution. »

Nulle part on ne trouva de témoins. Les serruriers firent défaut ; à Chambéry, on dut requérir un maréchal-ferrant de la garnison.

(2) Suspendre les poursuites dans un procès en appel, c'est reconnaître la *chose jugée* par le tribunal inférieur ; tout le monde sait cela. Donc, en suspendant les poursuites, Napoléon reconnaissait les droits des Capucins.

réserve faite à la demande en autorisation, — à la suite de la loi du 1ᵉʳ juillet 1901 sur les *Associations,* — adressée à M. Waldeck-Rousseau par le T. R. P. Basile, Provincial des Frères Mineurs Capucins de Savoie, ainsi que dans la belle lettre du T. R. P. Eugène à M. le Maire de Chambéry.

Quand parut, au 1ᵉʳ juillet dernier, la fameuse loi sur les Associations, les PP. Capucins des quatre anciens Couvents de Savoie n'auraient donc pas eu à s'en préoccuper, si le Conseil d'Etat, — ignorant sans doute, comme il l'a montré en d'autres circonstances (1), la situation exceptionnelle faite à la Savoie par le traité d'Annexion, — n'avait donné un avis défavorable au sujet des approbations sardes. A la suite de cet avis, le T. R. P. Provincial des Capucins de Savoie, pour éviter de recourir à un procès, crut devoir formuler une demande d'autorisation, dans laquelle il inséra les réserves suivantes, relatives aux quatre Couvents de *Chambéry, La Roche-sur-Foron, Yenne* et *Albertville :*

Ces quatre Communautés ont été autorisées par la législation sarde existante au moment de leur fondation :

1° Chambéry, autorisée par lettres-patentes sardes du 1ᵉʳ octobre 1818 ;

2° La Roche-sur-Foron (Hte-Savoie), autorisée par billet royal du 15 avril 1822 ;

3° Yenne (Savoie), autorisée par billet royal du 10 février 1824 ;

4° Albertville (section de Conflans), autorisée par patentes sardes du 24 décembre 1842 (2).

---

(1) Ainsi, il y a peu de temps, un avis du Conseil d'Etat proclamait que les cimetières qui, suivant la législation sarde, appartenaient aux fabriques, étaient devenus, après l'Annexion, la propriété des communes, en conformité de la loi française. Et cependant nos Tribunaux civils ont jugé dans un sens tout contraire à cet avis...

(2) Il est de plus à remarquer que le Roi Victor-Emmanuel Iᵉʳ

Ces autorisations ont toujours été considérées par le Gouvernement français comme parfaitement régulières. Ainsi :

1° Ces Communautés ont toujours été soumises à l'impôt de main-morte ;

2° Elles figurent comme autorisées dans les divers états des Congrégations dressés en 1876 et en 1901, en exécution des décisions législatives ;

3° Il ne s'est point agi de les dissoudre en 1880, en vertu des décrets du 29 mars.

L'exposant estime donc que les quatre Communautés ci-dessus sont autorisées au même titre que les Communautés existant en vertu des lois françaises. C'est là une conséquence du principe de la non-rétroactivité des lois.

Toutefois, le Conseil d'Etat ayant admis dans son avis du 23 février dernier une solution contraire, le soussigné, pour éviter, si c'est possible, des décisions judiciaires, a demandé, en sa qualité, pour les quatre Communautés indiquées ci-dessus, l'autorisation prescrite par la loi de 1901.

Le soussigné n'entend point, du reste, renoncer, par cette demande, au bénéfice des autorisations sardes antérieures, qu'il réserve expressément.

Chambéry, le 14 septembre 1901.

LAVILLAT Jean-François,
en religion P. BASILE,
Provincial des Capucins.

---

avait, en rentrant dans ses Etats, aboli toutes les lois de la Révolution par un édit du 28 octobre 1814, enregistré au Sénat le 2 novembre suivant. En voici le premier article : « Nous voulons « qu'à dater de la publication du présent édit, les lois actuelle-« ment existantes cessent d'être observées, et nous remettons en « vigueur les Constitutions générales de 1770, édits et autres dis-« positions de nos royaux prédécesseurs jusqu'à l'époque du 21 « septembre 1792... » Les Capucins sont donc doublement approuvés, c'est-à-dire avant et après la Révolution.

Impôts auxquels sont soumis les PP. Capucins du Couvent de Chambéry.

Il n'est pas rare que les ennemis des Congrégations disent aux gens de la campagne et aux ouvriers, que les Religieux ne payent pas les impôts.

Le tableau suivant, relatant, en détail, les impôts auxquels sont assujettis les PP. Capucins de Chambéry, fait bonne justice de ce mensonge :

Impôt foncier..............	488 94
Portes et fenêtres...........	
Cote mobilière	630 04
Main-morte.................	148 13
Taxe d'habitation........ ...	120 »
Impôt sur le revenu....	213 85
Prestations	69 »
Impôt d'abonnement........	320 »
TOTAL.....	1.989 96

Les PP. Capucins de Chambéry payent, annuellement, près de *deux mille francs* d'impôts, pour une propriété d'une contenance de 3 hectares, 69 ares et 2 centiares, qui se décompose de la façon suivante :

1º Propriété bâtie : 44 ares, 35 centiares.
2º Pré, jardin, bois, etc.: 3 hectares, 24 ares et 67 centiares.

Comme on le voit, non seulement les Religieux payent les impôts, mais ils en payent plus que les autres. Ils sont chargés de trois impôts particuliers, dont sont exempts les contribuables ordinaires : l'impôt *de main-morte*, l'impôt *sur le revenu* et l'impôt *d'abonnement.*

Et l'on dira, après cela, que les Religieux ne payent pas l'impôt !

LES PP. CAPUCINS

devant le Conseil municipal de Chambéry

A la suite de cette demande, M. le Ministre dé l'Intérieur et des Cultes a, conformément au règlement d'administration, demandé l'avis de tous les Conseils municipaux, dans le ressort desquels les PP. Capucins de Savoie avaient des Couvents établis.

L'affaire venait mardi 5 novembre, devant le Conseil municipal de Chambéry, pour le Couvent des Capucins du faubourg Montmélian. Une affluence exceptionnellement nombreuse occupait la partie de la salle réservée au public.

M. le Maire fait tout d'abord connaître qu'une pétition, favorable à l'autorisation et déjà signée, en 48 heures, d'un millier d'électeurs, lui avait été transmise.

M. Jules Carret, rapporteur, donne ensuite lecture de son rapport concluant au refus.

M. Jarre demande à expliquer son vote. Partisan de la loi sur les associations, il ne voit pas pourquoi on refuserait l'autorisation à une congrégation qui s'est conformée à cette loi. Il ne veut d'ailleurs de proscription contre aucune catégorie de citoyens.

M. le docteur Chiron réclame la lecture de la lettre qui a dû être adressée à M. le Maire, par le Père Gardien des Capucins de Chambéry et qui doit se trouver au dossier. M. Jules Carret objecte que cette lettre a huit pages, que le Conseil la connaît et qu'il ne paraît pas utile de la lire, uniquement pour un de ses membres. M. le docteur Chiron insistant, le rapporteur se décide à donner lecture de la lettre, qui est écoutée dans un religieux silence et qui paraît produire une vive impression sur l'auditoire. Nous la donnons dans son intégrité :

Chambéry, le 23 octobre 1901.

Monsieur le Maire,

Les membres des Conseils municipaux des diverses communes de France, où se trouvent des établissements congréganistes à autoriser, étant invités par M. le Ministre des Cultes à exprimer leur avis, il est vraisemblable que vous aurez, à brève échéance, à demander celui de MM. les membres du Conseil municipal de la ville de Chambéry, touchant les PP. Capucins du faubourg Montmélian. Dans cette perspective, permettez-moi, Monsieur le Maire, en ma qualité de Supérieur de la communauté des PP. Capucins de Chambéry, de formuler, en vous priant d'en donner communication aux membres de votre Conseil, les principaux titres que croient avoir les Religieux de mon Ordre à demeurer dans notre ville.

1° Les PP. Capucins sont établis sur le territoire de la commune de Chambéry depuis trois siècles, et leur long séjour n'y a subi d'interruption que de 1792 à 1818. Dûment autorisés avant et après la Révolution, ils ont été acceptés comme tels en 1860 par le Gouvernement français. En 1895, j'avais l'honneur de me présenter personnellement au ministère des cultes, où je recevais l'assurance que quatre de nos couvents de Savoie étaient approuvés, en vertu du traité d'*Annexion*, et de ce nombre était le couvent de Chambéry. Le haut fonctionnaire qui me parlait ainsi avait qualité pour émettre cette affirmation, car il avait été chargé lui-même de dresser l'état des Congrégations approuvées en

France. Mon Ordre est donc bien dûment autorisé à Chambéry, et si nous avons adressé une nouvelle demande d'autorisation au gouvernement de la République, c'est uniquement afin d'éviter des *discussions judiciaires*, mais non dans la pensée d'abandonner nos *droits acquis*, que nous avons eu, du reste, le soin de réserver. Ce sont ces droits, Monsieur le Maire, que nous vous demandons à vous et aux membres du Conseil municipal de Chambéry, de défendre, comme partie intégrante de nos *franchises savoyardes*, reconnues à l'Annexion, et dont on ne peut abandonner une seule, sans, par le fait, ébranler toutes les autres. C'est au-dessus u tout parti, il me semble, qu'il faut placer ce patrimoine de famille, qu'on nous a garanti quand nous sommes entrés dans la grande patrie française, patrimoine qu'on ne saurait nous ravir, ou même nous contester sans manquer à la *parole donnée*, l'annexion étant un contrat bilatéral, et que nous ne saurions nous-mêmes livrer sans être des félons.

2° Les Religieux Capucins se sont associés à toutes les joies, mais surtout à toutes les tristesses et à toutes les épreuves du pays. Il semble inutile de rappeler qu'un grand nombre d'entre eux moururent en 1630 à Chambéry, à Annecy, à Conflans, à Moûtiers, à Bourg-Saint-Maurice, etc., victimes de leur dévouement auprès des pestiférés, qu'abandonnaient leurs familles elles-mêmes.

En 1854, à l'époque du choléra, on les trouve à Cognin, à Bassens, à Maché, à Jacob-Bellecombette, et jusque dans la Tarentaise soignant les malades et ensevelissant les morts. L'Intendant général de Chambéry les remercia de leur dévouement par une lettre en date du 19 avril 1855, en leur envoyant une décoration.

En 1868, durant une nouvelle épidémie cholérique, on les trouve encore à Maché, à Vérel-de-Pragondran, à La Croix-Rouge, à Francin et aux Déserts. Partout ils méritèrent des éloges, et M. le

Maire de Chambéry tint à les remercier par une lettre spéciale, en date du 18 octobre 1867.

En 1870, les PP. Capucins transformèrent en *ambulances* leurs trois couvents de Chambéry, d'Yenne et de Meylan (Isère), qu'ils avaient offerts spontanément à M. le Ministre de la guerre pour les militaires blessés de l'armée du Rhin. Pour ne parler que du couvent de Chambéry, il reçut, du 19 novembre 1870 au 18 avril 1871, 214 soldats infirmes. Nos Religieux furent seuls à les soigner, malgré l'épidémie de *variole* qui sévissait, et trois Capucins, dont deux Pères et un Frère, succombèrent à la peine et payèrent de leur vie leur héroïque charité. Nos Pères reçurent, à plusieurs reprises, à cette occasion, les remercîments de diverses administrations.

Ce que nos Religieux ont fait par le passé, Monsieur le Maire, ils sont encore disposés à le faire à l'avenir; et j'ai la confiance qu'ils seront toujours à la hauteur de leur devoir.

3° Le dévouement des PP. Capucins de Savoie ne s'est pas borné à leur pays; ils ont eu la noble ambition de le porter jusque sur les plages étrangères. On les trouve, en effet, dans plusieurs missions, où ils font connaître et aimer les noms de la France et de la Savoie. Ils sont chargés à eux seuls de la mission des Iles Seychelles (Océan Indien), et ils maintiennent dans cette possession anglaise l'usage de la langue française.

Chargés pendant vingt-cinq ans, de la direction des Séminaires de Saint-Paul au Brésil, l'un des plus illustres évêques de cet empire, Mgr Dom Vital d'Oliveira (Brésilien lui-même), et l'un des plus grands savants de son temps, le Père Germain d'Annecy, chargé par intérim de la direction de l'observatoire de Rio-Janeiro, sont sortis de leurs rangs. Non contents de faire le bien eux-mêmes, ils ont introduit dans l'Etat de Saint-Paul (Brésil) les Sœurs de Saint-Joseph de Chambéry, qui y tiennent des écoles, des pensionnats et des hôpitaux et y sont l'honneur de la France et de la Savoie.

En 1895, ils ont fondé dans l'Etat de Rio-Grande-du-Sud (Brésil), une nouvelle et grande mission, en ce moment très prospère. Les colons, dont beaucoup sont Italiens, auraient désiré des Religieux et des Religieuses de nationalité italienne ; mais nos Pères ont su leur faire accepter des Frères français et des Religieuses de Saint-Joseph de Moûtiers, *françaises* et *savoyardes*.

4° Les Pères Capucins ont toujours fait le meilleur accueil aux demandes d'aumôniers militaires. C'est avec joie qu'ils en fournirent en 1848 au fort de Lesseillon, et en 1870 à l'armée française (1).

5° En desservant leur chapelle, ils rendent au faubourg Montmélian un service des plus signalés, à raison de la distance de l'église paroissiale. Ils desservent encore les deux hospices de Saint-Benoît et de Sainte-Hélène, dans des conditions qui ne seraient acceptées par aucun aumônier. Ils font, également, une partie du service religieux, à l'hospice des aliénés de Bassens.

Auxiliaires de MM. les curés et desservants, ils les aident dans leur ministère par des prédications extraordinaires et des retraites, etc., et en ville surtout, en visitant les malades.

MM. les membres du Conseil municipal ne voudront pas méconnaître la valeur et l'utilité de ces divers services religieux ; et ils tiendront compte

---

(1) En 1880, le Gouvernement français fit appel à nos Pères, en leur demandant de vouloir bien fournir des *aumôniers militaires,* pour l'*expédition de Tunisie*. Cinq de nos Religieux furent désignés à cet effet et nommés *officiellement*. L'un d'eux, appartenant avant son départ à la Communauté de Chambéry, fut porté à l'ordre du jour du Général Logerot pour son magnifique dévouement envers les soldats blessés ou malades, et reçut plus tard la médaille coloniale.

des opinions de leurs administrés, dont la plupart sont des chrétiens pratiquants et réclament pour le culte la plus grande facilité.

6° Les PP. Capucins, de même que les autres communautés religieuses de la ville de Chambéry, distribuent, chaque jour, à un grand nombre de pauvres, du pain, de la soupe et d'autres aliments, ce qui diminue les charges des bureaux de bienfaisance de la ville elle-même et des communes environnantes. Si parfois des paresseux et même des criminels en profitent, ils sont le petit nombre ; et d'ailleurs, il faut reconnaître que les meilleures institutions ne sont pas toujours exemptes d'abus. Ces abus ne sauraient amoindrir les services rendus à tant d'infirmes, de vieillards, d'orphelins, de pauvres veuves et d'autres mères de famille qui ne peuvent élever leurs enfants sans le secours de la charité.

7° Enfin, les PP. Capucins ont toujours été très sympathiques aux populations de la Savoie et en particulier aux habitants de Chambéry. Ils comptent de nombreux amis, même parmi ceux *qui ne partagent pas leurs opinions*. Enfants du peuple pour la plupart, ils sont aussi pour le plus grand nombre des enfants du pays ; *Français* et *Savoyards*, ils réclament à cette heure, à ce double titre, leurs droits de citoyens et la liberté de vivre et de faire le bien sur la terre de Savoie.

Cet exposé, Monsieur le Maire, pourra paraître inutile à quelques-uns, car les PP. Capucins sont suffisamment connus à Chambéry. Toutefois mon but a été d'éclairer ceux qui ne nous connaîtraient point assez ou pourraient avoir des préjugés à notre endroit. J'ai maintenant la confiance que MM. les membres du Conseil municipal de notre ville, admettant *nos droits acquis* et reconnaissant *notre utilité*, voudront bien, par leurs votes, émettre un avis favorable au maintien des PP. Capucins à Chambéry.

Dans cet espoir, veuillez agréer, Monsieur le Maire, l'expression de mes sentiments respectueux et de ma profonde considération.

EMILE MEYNET,
Supérieur des Frères-Mineurs Capucins de Chambéry,
en religion Père EUGÈNE.

* * *

Après cette lecture, M. Jarrin demande la parole qu'il gardera pendant près d'une heure, sans se laisser intimider par les interruptions de quelques-uns de ses collègues :

MESSIEURS,

Les Capucins de Chambéry se présentent devant vous en invoquant des *droits acquis.*

Ce que nous avons, dès lors, à examiner est le point, de savoir s'ils peuvent s'en prévaloir et dans quelle mesure. Telle est la question qui s'offre tout d'abord à notre examen. Je suppose, en effet, que le gouvernement nous demande notre avis concernant l'intention qu'il aurait, par exemple, de s'approprier les biens de nos Hospices, est-ce que nous ne ferions pas immédiatement la réflexion suivante : « Mais enfin les Hospices n'ont-ils « pas une existence propre, indépendante, les biens « qu'ils gèrent ne sont-ils pas leur propriété, et com-« ment, dès lors, l'Etat aurait-il le droit de s'en empa-« rer. ? » Je suppose encore que le ministre vienne nous dire : « Le gouvernement a l'intention de dépouiller tel « paysan de son champ ou de le chasser de sa demeure ; « dites-nous si la présence de cet homme est utile « dans la commune qu'il habite. » Est-ce que nous ne répondrions pas aussitôt : « Mais comment le gouverne-« ment ou l'Etat pourrait-il pratiquer un tel acte ? Ce « paysan n'est-il pas maître de son champ, et, dès lors,

« pourquoi l'en dépouiller? » C'est donc cette question
d'existence juridique des Capucins à Chambéry entraî-
nant avec elle la propriété des immeubles qu'ils occu-
pent, ce sont ces droits acquis par eux invoqués, qu'il
convient d'examiner en commençant.

L'autre jour, lors de la réunion plénière des commis-
sions, j'entendais l'un d'entre nous dire : « Mais comment pourrait-il y avoir des droits acquis? Une législa-
« lation peut-elle être immuable? La loi ne peut-elle
« pas édicter le lendemain le contraire de ce qu'elle a
« édicté la veille? L'immutabilité de la loi ne serait-elle
« pas la négation de tout progrès? Peut-il y avoir des
« droits a..quis? » Rassurez-vous, Messieurs, je n'ai pas
l'intention de vous faire un cours de droit, ce dont je
serais parfaitement incapable; mais enfin, puisqu'à
l'heure actuelle on entend si souvent, en Savoie, parler
de droits acquis, il faut bien cependant fixer quelque
peu nos idées, à cet égard.

Je trouve admirablement résumées dans un opus-
cule émanant d'un homme, qui fait honneur à notre ville
et à son pays, M. Antoine Pillet, professeur de droit
international public à la Faculté de Droit de Paris, les
conditions dans lesquelles naît ce qu'on appelle un
« droit acquis. »

« La non rétroactivité des lois nouvelles, dit-il, soit
« en cas d'annexion, soit en cas de changement d.> légis-
« lation dans un même pays, est une idée qui ne se
« recommande pas seulement par de puissants motifs
« d'équité, mais qui fait partie, on peut le dire, de la
« nature même de la loi. »

« La loi, en effet, n'est pas uniquement un élément
« de direction, une règle de conduite regardant l'avenir,
« elle est surtout, et c'est là sa grande raison d'être pour
« ceux qui vivent sous son empire, une garantie, un
« élément de sécurité. Si elle oblige la volonté de
« l'homme à se plier à ses dispositions, en revanche,

« une fois obéie, elle donne à ses actes la sécurité et
« rend la puissance publique elle-même garante de
« l'exécution des dispositions qu'elle a prises. Dans
« cette fonction, se trouve un rôle social principal et le
« secret de sa nécessité.

« Or, une loi nouvelle qui prétendrait régir des faits
« antérieurs à sa promulgation, des faits accomplis à
« une époque où elle n'existait pas, loin d'assurer et de
« consolider les relations humaines, tendrait à les
« ébranler et à les détruire, elle jouerait un rôle social
« exactement inverse du rôle normal de la loi, étant un
« principe d'insécurité, une menace, un danger, et, qu'on
« le remarque bien, un danger contre lequel personne
« n'a pu se prémunir, puisqu'au moment où ont été
« fondés les droits qu'elle va ruiner, elle n'existait pas,
« on ne pouvait pas prévoir qu'elle existerait un jour,
« ni quelles seraient ces dispositions.

« Une loi rétroactive n'est pas plus une loi que l'anar-
« chie n'est un système politique et social. ... » Et l'au-
teur, insistant, montre que les droits acquis aux habitants d'une province annexée sont encore plus certains,
si c'est possible, que ceux dérivant d'un changement de
législation dans un même pays. « Loin d'être plus fra-
« gile en matière internationale qu'en matière de légis-
« lation intérieure, ce principe est, au contraire, dans
« le premier cas, plus étendu et plus fort..... Les droits
« acquis aux annexés ont été soit explicitement, soit
« implicitement réservés par le traité d'annexion.... Il
« apparaît clairement, dès lors, qu'il ne peut pas appar-
« tenir à une seule des hautes parties contractantes de
« se dispenser, en quoi que ce soit, de l'observation de
« cette règle. Elles sont liées par leur parole, il faudrait
« une parole nouvelle pour les délier. Quelle que soit la
« puissance d'une loi, elle n'atteint pas jusque-là; même
« faite rétroactive, son autorité expire fatalement aux
« frontières du domaine de l'autorité du traité. Voilà

« pourquoi les droits des annexés sont intangibles.
« Cette immutabilité est le dernier legs que leur fait leur
« nouvelle patrie, au moment même où elle séparait à
« jamais ses destinées des leurs. »

Maintenant que nous savons la raison d'être des droits
acquis, voyons rapidement si les Capucins peuvent en
argumenter au point de vue de leur existence légale.
Existent-ils juridiquement en tant que personne civile ?
Peuvent-ils acquérir, posséder, jouir, en un mot, des
droits d'un particulier ?

Leur congrégation, à Chambéry, a été approuvée par
arrêt du Conseil d'Etat du duché de Savoie, en date du
4 février 1576.

On a dit que cette décision, émanée d'Emmanuel Phi-
libert, ne paraissait pas avoir été entérinée par le Sénat
de Savoie et que, dès lors, elle était dépourvue de force
légale. Mais il semble incontestable que l'ancien Sénat
de Savoie avait, tout comme les Parlements français de
cette époque, un simple droit de remontrance, un droit
de *simples représentations*, comme le disent les documents
du temps. De plus, d'un arrêt rendu par le Sénat lui-
même, le 9 mai 1846, il résulte qu'avant le règlement
particulier du 22 novembre 1773, les corporations religieuses n'étaient point assujetties à l'autorisation sou-
veraine et qu'elles ont été implicitement approuvées par
l'article 5 de ce règlement. Au surplus, les lettres patentes de 1678 et de 1716 faisant disparaître certaines en-
traves mises aux quêtes des Capucins, autorise ces derniers à vivre, « selon *l'Institut de leur Ordre* » et à jouir
« de tous les privilèges appartenant audit Ordre, et qu'ils
« ont, en vertu des concessions des Souverains Pontifes. »
Comment ces lettres qui, elles, furent bien enregistrées
au Sénat, pourraient-elles reconnaître d'une façon plus
formelle l'existence des Capucins ? De nouvelles pièces
postérieures à 1814 viennent encore corroborer ces do-

cuments, puis survient cette fameuse loi d'incamération du 29 mai 1855, dont on a tant parlé, et qui était ainsi conçue : « Art. 1er. Cessent d'exister comme être moraux « reconnus par la loi civile, les maisons d'Ordres reli- « gieux existant dans les Etats, qui ne s'adonnent pas « à la *prédication*, à l'enseignement ou à l'*assistance des* « *malades*. L'état des maisons frappées par cette dispo- « sition sera publié par décret royal, conjointement avec « la présente loi. » Et le décret qui suivit, ayant compris les Capucins parmi les Ordres supprimés, une compa- gnie de bersagliers vint disperser ceux de Chambéry. Ceux-ci se pourvurent devant le tribunal, lequel, par jugement du 4 février 1860, reconnut que les Capucins composaient un Ordre *prêchant* et *assistant les malades*, qu'ils ne pouvaient tomber, par suite, sous le coup du décret et ordonna que leurs immeubles leur seraient rendus. L'Etat fit appel de ce jugement, lorsque survint l'annexion en même temps qu'un décret — loi du 20 dé- cembre 1860. Ce décret ordonna l'abandon des poursui- tes antérieures et fit rentrer les Capucins en possession de leurs biens, de telle sorte que le jugement du 4 février 1860 reprenait toute sa force et qu'au décret qui suivit la loi d'incamération, les Capucins peuvent opposer aujourd'hui la chose jugée.

J'ai entendu, l'autre jour, cette objection se produire : Mais si nous étions restés Sardes, les Capucins n'exis- teraient plus. Je réponds, tout d'abord, que les droits acquis au moment d'une annexion est immuablement établi pour l'avenir et devient indépendant des change- ments de législation qui peuvent survenir dans le pays d'où est détachée la province annexée, et j'ajoute que les Capucins ont si peu disparu en Italie, qu'actuelle- ment nombre de paroisses y sont desservies par des *curés capucins* assistés de *vicaires capucins*.

J'entendais dire aussi que si les annexés pouvaient

invoquer des droits acquis, c'était pour une institution d'Etat, comme la Cour d'appel de Chambéry, par exemple, mais qu'un ordre privé ne pouvait invoquer rien de pareil. Il est inutile de dire que cette thèse est anti-juridique et que, même, s'il est une institution pour laquelle on ne puisse pas se prévaloir de droits acquis proprement dits, c'est la Cour de Chambéry, du moment qu'un Etat est toujours maître de supprimer ou de modifier ses institutions, et que jamais le gouvernement sarde n'avait pu s'engager à maintenir, indéfiniment, la Cour de Chambéry. Cette Cour, cependant, a droit à son maintien, non point en vertu d'un droit acquis, au sens juridique du mot, d'une existence fixée pour toujours, antérieurement à l'annexion, mais parce que là des promesses formelles, nettes, incontestables, ont été faites par l'Etat annexant et qu'il est notoire que le plébiscite de 1860 est intervenu, sous la condition du maintien de cette Cour.

C'est alors qu'on oppose aux Capucins, une récente décision du Conseil d'Etat émettant l'avis que leur Ordre n'a jamais eu droit à l'existence. Je me contente de répondre ceci : Il y a quelques années, un autre avis du Conseil d'Etat proclamait que les cimetières qui, suivant la législation sarde, appartenaient aux fabriques, étaient devenus, après l'annexion, la propriété des communes, en conformité de la loi française. Et cependant nos tribunaux civils ont jugé dans un sens tout contraire à cet avis, et ce n'est que des décisions des tribunaux civils qu'il importe de se préoccuper, dans la matière qui nous occupe.

Voilà, Messieurs, les observations sommaires que j'avais à faire au point de vue juridique, ce qui m'amène à conclure : Oui, semble-t-il, les Capucins ont une existence légale, un droit acquis et, dès lors, il n'est pas de loi qui puisse porter atteinte à ce droit.

Sortant du terrain juridique, j'aborde le terrain politique, puisqu'il se trouve que, par une singulière aberra-
tion des choses, le Conseil municipal est appelé à émettre
ce soir un avis politique. Il ne faut pas, en effet, se faire
illusion sur la nature de la question qui nous est posée,
et se retrancher derrière des *distinguos* qui tendraient à
la présenter sous un faux jour. La question est celle-ci :
est-ce que, oui ou non, nous émettrons un avis sur
lequel le gouvernement sera à même de s'appuyer, pour
détruire cette personnalité juridique dont je viens de
vous démontrer l'existence? Est-ce que, oui ou non, par
un avis défavorable à la demande présentée, nous nous
exposerons à être ainsi des collaborateurs du gouvernement, si les Chambres refusent d'adhérer à cette demande? Voilà la question telle qu'elle se présente à
résoudre. Elle passe bien au-dessus de la tête des Capucins : ils n'en sont, aujourd'hui, que l'occasion pour ainsi
dire ; ils en font les frais, mais c'est en réalité l'intérêt
de la masse des citoyens qui est en jeu, c'est la liberté
elle-même, le ... t d'exister et de remplir les actes con-
formes à la destination qu'il plaît à chacun, de donner à
sa vie.

Prenez garde, vous disais-je l'autre jour, de ne pas
créer un précédent, sur lequel un gouvernement autre
que celui qui nous dirige, pourrait s'appuyer pour dissoudre telle ou telle association laïque ayant toutes nos
sympathies. L'avis que nous allons émettre peut être
une arme à double tranchant, veillons à ce que, plus
tard, on ne puisse s'en servir contre nous.

Eh bien, Messieurs, lorsque j'étais au lycée, nos maîtres s'appliquaient à nous inspirer l'horreur de tous
les fanatismes. Ils nous disaient que personne ne peut
prétendre au monopole de la vérité, que ce qui paraissait faux hier peut être aujourd'hui reconnu vrai, et que
ce qui est aujourd'hui reconnu vrai risque de redevenir
l'erreur d'hier. Ils nous disaient que, s'il est au monde

une propriété sacrée, c'est celle de la pensée, que personne au monde n'a le droit de peser par la force sur cette pensée elle-même, que la seule arme qu'il soit permis d'opposer à l'idée, c'est l'idée ; en d'autres termes ils nous apprenaient à vénérer cette liberté primordiale entre toutes, la liberté de conscience, c'est-à-dire le droit que j'ai de tenir pour vrai et de proclamer la pensée que je crois être vraie. Ils nous apprenaient à respecter aussi cette autre liberté, la liberté de réunion, en vertu de laquelle j'ai le droit de m'unir à ceux qui pensent comme moi, pour former, ainsi, un groupe d'idées communes acquérant plus de force du fait même de leur union et susceptibles par suite de marcher plus sûrement, dans les voies que l'idée doit parcourir. Ils nous apprenaient à exécrer tous les crimes commis contre la liberté de la pensée, depuis les excès de l'Inquisition, les dragonnades de Louis XIV, jusqu'à ces violences commises par ces fous furieux qui s'appelaient les sectaires de la Convention, ces sectaires qui, toutefois, pouvaient invoquer une excuse, car s'ils faisaient mourir les autres, ils savaient, eux, tout au moins, mourir pour leurs opinions. Ils nous apprenaient à nous incliner devant tous ces grands penseurs, ces philosophes du xviiie siècle, les Diderot, les d'Alembert, les Montesquieu, les Voltaire, les Rousseau, dont les efforts et les écrits devaient aboutir à cette cette éclatante manifestation de la pensée humaine, la Déclaration des Droits de l'homme, ce code de la tolérance et du respect de la pensée d'autrui. Ils nous disaient que l'idée est, en quelque sorte, incompressible, que lorsqu'on essaie de la comprimer, elle réagit souvent et se fait un jeu de briser ceux qui voulaient mettre la main sur elle. Ils nous enseignaient que toute action violente est suivie d'une réaction en sens contraire, que les violences de la Convention avaient produit le premier Empire et que les utopies auxquelles on avait voulu donner un corps, en

1848, avaient amené le second Empire. Il en est trop, malheureusement, qui n'ont rien appris, rien oublié, qui voudraient nous faire passer toujours par les mêmes expériences, et nous conduire toujours aux mêmes dénouements. Et, cependant les leçons du passé n'ont-elles pas été assez cruelles, et n'avons-nous pas assez souvent expié les crimes commis contre la liberté! Aussi, l'autre jour, j'ai été profondément attristé, lorsque j'ai vu des anciens élèves du lycée venir renier ces choses, que nos maîtres s'efforçaient d'inculquer en nous, se tourner du côté des violents et des puissants du jour et se preparer à collaborer à l'application de cette maxime honteuse entre toutes, à savoir que c'est la force qui doit primer le droit. Eh bien, moi, je déteste encore plus le despotisme de la foule que le despotisme d'un seul, car le despotisme d'un seul s'accorde quelquefois avec une certaine prospérité matérielle, alors que le despotisme de la foule ne s'accorde guère qu'avec ce désordre des idées et des choses, ce gâchis dans lequel nous pataugeons aujourd'hui plus que jamais; aussi, au nom d'une autre fraction des anciens élèves du lycée, et celle-là la plus nombreuse, j'en suis sûr, je proteste.

J'entendais, l'autre jour, l'un de nos collègues dire : « Mais, après tout, peut-on faire un crime au ministre « de s'adresser à nous, qui vivons dans cette ville, pour « avoir notre avis sur l'utilité ou l'inutilité des Capucins? « Parmi les gens de la localité, aptes à fournir ce ren- « seignement, n'est-il pas naturel qu'il choisisse de pré- « férence les conseillers municipaux? » Et oui, je fais un crime au ministre de s'être adressé à nous, et vous allez en comprendre la raison, et, à cet égard, permet-tez-moi, Messieurs, quelques considérations qui vont vous paraître une digression, mais qui vont vous faire toucher du doigt, le motif pour lequel le ministre ne devait pas s'adresser à nous.

On se fait, de nos jours, une conception singulière de

la nature de l'Etat. On vient dire : il y a, par exemple, en France, d'un côté, 38 millions de citoyens. Ces citoyens ne sont reliés les uns aux autres par rien et ils seraient livrés aux pires désordres, à la pire anarchie, si, à côté d'eux ou au-dessus d'eux, ne se trouvait une puissance qui s'appelle l'Etat et qui sert de lien entre tous les habitants du pays. Et, en vertu de ce prétendu principe que l'Etat est ainsi le représentant de la société, vous voyez cet Etat s'immiscer dans les rapports entre les particuliers, vouloir tout réglementer, étouffer toutes les initiatives individuelles, vouloir cumuler tous les monopoles, monopoles industriels, commerciaux et jusqu'au monopole de la pensée, prétendant ne plus laisser subsister que l'enseignement officiel, voulant couler dans le même moule toutes les âmes françaises, et devenir lui, et lui seul, le grand éducateur national. Vous le voyez aujourd'hui, en vertu du même principe, à savoir qu'il serait l'unique représentant de la société, vouloir faire disparaître de sa route tout ce qui le gêne, et notamment ces Capucins qu'il prend pour des obstacles à son envahissement. Or, c'est justement l'idée la plus fausse du monde que c'est l'Etat qui représente la société, car, en face de lui, il y a ces mille groupements qui la constituent, eux, véritablement.

Il y a d'abord la famille ; puis il y a ces milliers et ces milliers de groupements de tout genre (associations civiles, religieuses, littéraires, sociétés commerciales, syndicats, etc.) qui, eux, composent avec la famille, ce tout qui, lui seul, peut prétendre à être la société. L'Etat, qu'est-il ? Dans les nations à système électif, l'Etat n'est qu'un parti au pouvoir, et comme ce pouvoir émane de majorités essentiellement variables et changeantes, l'Etat est, par le fait même, essentiellement variable et changeant. Aussi le voyez-vous se contredire à chaque instant, se livrer à tous les engouements, à tous les emballements possibles. C'est tantôt l'emballement du

cléricalisme, tantôt celui de l'anticléricalisme, c'est l'emballement des travaux publics désordonnés, du protectionnisme, du libre échange, etc.. etc. En un mot, l'Etat
brûle à chaque instant le lendemain, ce qu'il a adoré la
veille, et cela parce que les partis se remplacent et que
l'Etat n'est qu'un parti. Et nous, Conseil municipal, que
sommes-nous? Nous sommes une fraction de l'Etat,
c'est-à-dire une fraction de ce parti au pouvoir. Nous
aussi, nous sommes issus de majorités changeantes.
Arrivés au pouvoir, nous ne voulons qu'une chose,
nous y maintenir envers et contre tous, en d'autres termes nous sommes des hommes de parti, et voilà pourquoi je fais un crime au ministre de s'être adressé pour
s'éclairer, dans un débat pareil, à des hommes de parti,
qui, fatalement et de par leur origine même, ne peuvent
statuer aujourd'hui avec cette indépendance, cette sérénité, cet esprit d'équité et de justice qui sont le propre
de véritables juges. Voilà donc ce qu'on peut opposer, à
un point de vue général, au point de vue de ce principe
supérieur qu'on vous pousse à méconnaître, au point de
vue de cette liberté sainte et chérie que nous n'avons
guère appris à respecter jusqu'à ce jour.

J'ai dit que la question, qui s'agite, nous domine tous,
qu'elle est supérieure aux Capucins et nous intéresse
autant qu'eux ; voyons, cependant, comment elle se présente en ce qui concerne ces Capucins eux-mêmes.
Je les ai entendu traiter, l'autre jour, de fainéants, de
paresseux, de bons à rien, etc. Je réponds que s'ils sont
des fainéants, ils peuvent au moins invoquer une excuse,
car lorsqu'on voit tant de gens gagner indûment des
sommes d'argent, on ne saurait faire un grief aux Capucins d'être des paresseux, s'ils le sont, puisqu'ils ont
au moins le mérite, eux, de savoir rester pauvres.

Et quelle est donc, au fond, leur œuvre, car il faut
aller au fond des choses et ne pas attacher trop d'importance aux cérémonies extérieures? Enseignent-ils

des doctrines subversives? Non, ils enseignent que tout n'est pas fini après cette vie, et qu'il y aura plus tard des punitions pour les trop nombreuses canailles qui circulent sous la calotte des cieux. Ils enseignent ces vertus simples, familiales, domestiques, qu'on a peut-être le tort d'un peu négliger ailleurs, ailleurs où on parle sans cesse des droits du citoyen, en oubliant quelquefois de lui parler de ses devoirs. Ils enseignent, en définitive cette morale évangélique, que n'a fait que rééditer ce grand penseur, un persécuté lui aussi, Tolstoï, ou encore cet autre grand penseur, Alexandre Dumas fils, dont les *Conseils à jeune homme* ne sont que la reproduction des préceptes de l'Evangile.

Et, il faut l'avouer, si notre société se tient encore quelque peu debout, ce sont à ces croyances humbles et simples que nous le devons, et le jour où vous les aurez détruites, ces croyances fondées ou non (ce que je n'ai pas à examiner), il faudra que la France se transforme en une immense caserne de gendarmerie, à laquelle il ne manquera qu'une chose : des gendarmes. Une nation n'est pas une réunion de philosophes se laissant gouverner par la raison pure. Nous n'avons jamais eu d'exemple de nations pareilles, et je ne crois pas que nous soyons près d'en voir, et lorsqu'on veut décréter une mesure n'ayant pas pour appui l'opinion et les mœurs publiques, c'est à un échec certain qu'on court.

Je comprendrais qu'à la rigueur, on pût avoir certaines préventions contre un Ordre que vous connaissez tous et qui, depuis plusieurs siècles a tant agité le monde, bien que la persécution ne soit pas plus de mise là qu'ailleurs, l'idée étant faite pour combattre l'idée, mais les Capucins n'ont-ils pas raison de dire qu'ils sont les enfants du peuple? Leur Ordre représente l'élément démocratique des congrégations religieuses, au lieu de l'idée théocratique pure, que d'autres Ordres proclament. Ils ont une vie indépendante en quelque sorte, nommant eux-mêmes leurs directeurs et rappelant, ainsi, quelque peu, ces *ecclesiæ* des temps primitifs où le suffrage universel régnait en maître. On peut ajouter foi ou ne pas ajouter foi à leurs doctrines, mais l'essentiel est qu'ils ne troublent pas l'Etat, et qui pourrait soutenir qu'ils le troublent ?

Voilà pourquoi j'ai voulu protester. Et maintenant, votez comme vous l'entendrez, mais, pour moi, je tiens à le déclarer, je ne souillerai jamais mon nom, en l'accolant à une mesure destinée à nous conduire à la perte de ce bien, le plus précieux de tous, la liberté. Voilà ce que j'avais à vous dire.

Aucun conseiller ne se hasarde à tenter une réplique à cette magistrale harangue.

M. Bogey prononce quelques paroles, M. Carret répète les quelques phrases de son rapport et le débat est clos.

Au moment de passer au vote, M. Carret demande le scrutin par appel nominal, qui est adopté, chaque conseiller partisan des conclusions du rapport devant répondre oui, les autres non.

M. le Maire, appelé le premier, fait cette déclaration : Je suis partisan de la loi sur les associations, mais je crois que l'autorisation doit être accordée non seulement aux Capucins, mais à toutes les congrégations de notre ville. Cependant, pour me conformer à la tradition qui veut que le maire ne prenne pas part au scrutin, je m'abstiendrai.

Tous les conseillers présents sont alors appelés par ordre alphabétique : dix-huit répondent oui, quatre répondent non.

Les dix-huit conseillers, qui ont voté contre l'autorisation demandée par les Capucins, sont :

MM. Bogey, Carret, Coudurier, Davignon, Dolin, Gex, Guilland, Lansard, Mathiez, Michard, Mollard, Pavèse, Perrot, Revel, Reymondon, Roché, Roux et Veyrat.

Ont voté contre les conclusions du rapport, c'est-à-dire pour un avis favorable à la demande des Capucins : MM. le docteur Chiron, Dunoyer, Jarre et Jarrin.

****

A l'issue de la séance, M. François Descostes, ancien conseiller municipal, a adressé à M. Albert Jarrin la lettre ouverte suivante, que nous empruntons à la *Savoie Libérale* du 8 novembre :

Chambéry, le 6 novembre 1901.

Mon cher confrère et ancien collègue,

Vous avez fait hier soir, non seulement un discours éloquent, mais un acte de justice, de courage et d'indépendance qui honorera votre vie. Ainsi que vous le disiez en terminant votre superbe harangue, vous parliez sans illusion et sans espoir, devant un tribunal dont le siège était fait et qui, à l'instar des tribunaux révolutionnaires de sinistre mémoire, avait condamné d'avance : le geste n'en était que plus beau. Uniquement préoccupé de libérer votre conscience et de remplir votre mission de défenseur de la liberté, vous avez imposé à ceux qui avaient comploté de l'étrangler à huis clos, la cruelle épreuve d'une démonstration, après laquelle la cause eût été entendue... à la barre de juges dignes de ce nom.

Qu'importe que quatre seulement de vos collègues se soient ralliés à votre avis?... (Je dis quatre; car M. le Maire, dont la voix était prépondérante, a déclaré le partager, tout en s'abstenant.) La valeur et la force morale d'un vote ne se mesurent pas au nombre : rappelons-nous les Cinq de l'Empire.

Les majorités politiques, aveugles et serviles, peuvent fouler aux pieds les principes éternels de la justice et du droit ; mais ceux-ci n'en subsistent pas moins, ils survivent aux hommes qui passent, misérable poussière emportée par le vent ; et l'on peut dire que l'honneur d'un pays, d'une cité est sauf quand ils ont été revendiqués comme vous l'avez fait, avec l'accent d'une conviction profonde, avec l'autorité lumineuse et irrésistible qui s'attache à la vérité.

Grâce à vous, mon cher confrère (car j'espère bien que votre discours ne sera pas perdu pour le grand public et ne restera pas le privilège de votre auditoire d'hier, si nombreux qu'il ait été), on saura à quelle triste besogne de proscription et de confiscation, la passion politique et la haine sectaire ont pu entraîner des hommes qui prétendent détenir le monopole de l'égalité, de la liberté et de la fraternité. Ils eussent bien voulu se soustraire au châtiment que vous leur avez infligé, de même qu'à la lecture de cette belle lettre du Père Eugène, qu'a courageusement réclamée le docteur Chiron. La lettre avait huit pages. Or, il fallait marcher vite ; les instants de nos édiles sont précieux. Les exécutions ne comportent pas de lenteurs : c'était trop vraiment que quelques minutes pour décapiter une institution vieille de trois siècles et qui, mieux que notre Cour d'appel elle-même, est au premier rang de nos droits acquis !

Voilà pourtant où en sont réduits ceux qui se prétendent des hommes de progrès, de justice sociale, de liberté ! — O liberté ! que de crimes on commet en ton nom ! — Heureusement, Dieu veille, ce Dieu auquel vous croyez comme moi, auquel nulle force au monde ne nous empêchera de croire, qu'aucune tyrannie ne nous empêchera d'aimer, d'honorer et de servir, à qui tous nous aurons à rendre compte un jour de notre conduite publique et privée.

Dieu ne permettra pas que l'iniquité soit consommée. Le Conseil municipal de Chambéry, le représentant de l'ancienne capitale de cette province de Savoie, où les sentiments catholiques se sont toujours alliés avec celui du respect de la liberté et du bien d'autrui, se fût honoré en suivant l'exemple de ces autres assemblées républicaines qui, telles que les Conseils municipaux de La Roche et de Thonon, votaient, à l'unanimité, un avis favorable.(1). Il ne l'a pas voulu ; libre à lui. Il en supportera la responsabilité devant le pays ; mais, au-dessus de lui, il y a le Parlement et, au-dessus du Parlement, il y a la justice, *forum et jus*, qui est ouverte à tous les citoyens, quels qu'ils soient et de quelque façon qu'ils aient réglé leur vie, en se conformant aux lois du pays.

Or, qu'une voix comme la vôtre se fasse entendre, qu'un député reprenne point par point votre argumentation d'hier, qui n'a rien laissé dans l'ombre, qui a tout creusé, tout éclairé, tout approfondi, qui a traqué les proscripteurs jusque dans leurs derniers retranchements et qui, par dessus tout, a illuminé d'une lumière décisive le droit acquis des Capucins de Savoie à l'existence légale, — pour eux, le droit acquis à la prière et à la charité… — Je gage qu'il ne se trouvera pas, dans une Chambre française, une majorité capable de consacrer la spoliation votée par le Conseil municipal de Chambéry. S'il s'en trouvait une, — vous l'avez dit, — nous possédons encore, grâce à Dieu, une magistrature, dans la balance de laquelle les ukases des assemblées politiques ne pèsent pas lourd.

---

(1) Les deux municipalités de *Yenne* et de *Meylan* (Isère) ont également réuni l'unanimité des suffrages, en faveur de l'autorisation à donner aux PP. Capucins.

Hier soir, mon cher confrère, — je vous l'avoue en toute sincérité, — je vous ai non seulement admiré, mais envié. Je me rappelais le temps où, à vos côtés, avec mes amis de Boigne et Favier, au Conseil municipal, j'avais, moi aussi, l'honneur d'y faire parfois entendre, dans des circonstances moins graves et moins solennelles, des protestations aussi gênantes que les vôtres. Des sièges que nous occupions autrefois, partaient hier des interruptions que votre parole cinglante n'a pas eu de peine à réduire au silence. Le silence me coûtait à moi, perdu dans la foule de vos auditeurs et de vos admirateurs avérés ou secrets ; mais, il ne m'a plus pesé, après vous avoir entendu, et je me disais qu'aucun des nôtres n'eût pu, avec autant d'autorité, avec une si haute éloquence, avec une dialectique plus puissante et une science juridique plus profonde, proclamer en un plus beau langage, des vérités à la fois plus brutales et plus saisissantes.

Peut-être, mon cher confrère, arriverez-vous, vous aussi, à « faire tache » dans une assemblée que vous vous êtes refusé à suivre, dans la voie de la destruction du patrimoine moral et historique de la Savoie annexée ; mais vous vous en consolerez facilement, car il y a des taches qui honorent mieux qu'un ruban de la Légion d'honneur, ce ruban que, — vous en savez, peut-être, quelque chose? — certains hommes, bien rares, refusent noblement, préférant à tout, le témoignage de la conscience et la satisfaction du devoir accompli.

Agréez, mon cher confrère et ancien collègue, l'expression de mes sentiments de haute estime et d'entier dévouement.

François DESCOSTES,
ancien conseiller municipal.

ÉLECTEURS DE CHAMBÉRY !

Vous venez de lire le vote de la majorité des Conseillers municipaux de Chambéry, contre les PP. Capucins. Ces Conseillers sont nos élus, et leur devoir était de voter conformément à nos sentiments et à nos désirs. L'ont-ils fait ? — Non. Dans une affaire aussi grave, notre devoir est de protester.

Nous aimons et nous estimons les PP. Capucins, qui sont nos concitoyens depuis trois siècles, et nous voulons les garder.

Enfants de la Savoie pour la plupart, et tous Français, ils sont nos frères et nos amis.

Ils ont rendu par le passé, et ne cessent de rendre tous les jours au pays les plus grands services. Peut-être même, est-ce l'un d'eux qui a assisté votre père ou votre mère, à ses derniers moments ; et, peut-être serez-vous heureux, vous aussi, d'avoir cette consolation !

Les PP. Capucins sont, dans les missions lointaines, l'honneur de la France et de la Savoie ; si on les supprime, ils y seront remplacés par d'autres missionnaires de nationalité étrangère, au détriment de la France, ce que nous ne voulons pas.

Partisans de la *liberté* pour tous, défenseurs des *droits acquis* de la Savoie, qui ne forment qu'un seul *bloc, reconnaissants* envers les PP. Capucins, des services rendus au pays en tout temps, mais surtout aux époques de *calamité publique* qui peuvent revenir, nous ne permettrons jamais que ces Religieux soient chassés de notre ville !

Déjà un millier d'électeurs ont signé des listes de sympathie, en faveur de l'autorisation des PP. Capucins ; imitons-les. Et, disons bien haut, par un *referendum* populaire, aux membres des deux Chambres françaises : « Nous aimons les PP. Capucins, nous voulons les garder. Prenez garde de ne pas détacher de la France les cœurs *savoyards*, par la persécution religieuse et la violation de *nos franchises !* Par déférence à la loi, les PP. Capucins ont demandé une autorisation qu'ils avaient déjà ; nous, leurs concitoyens, nous sollicitons avec eux et demandons vivement qu'elle ne leur soit point refusée ! »

Chambéry. — Imprimerie Savoisienne, 5, rue du Château.

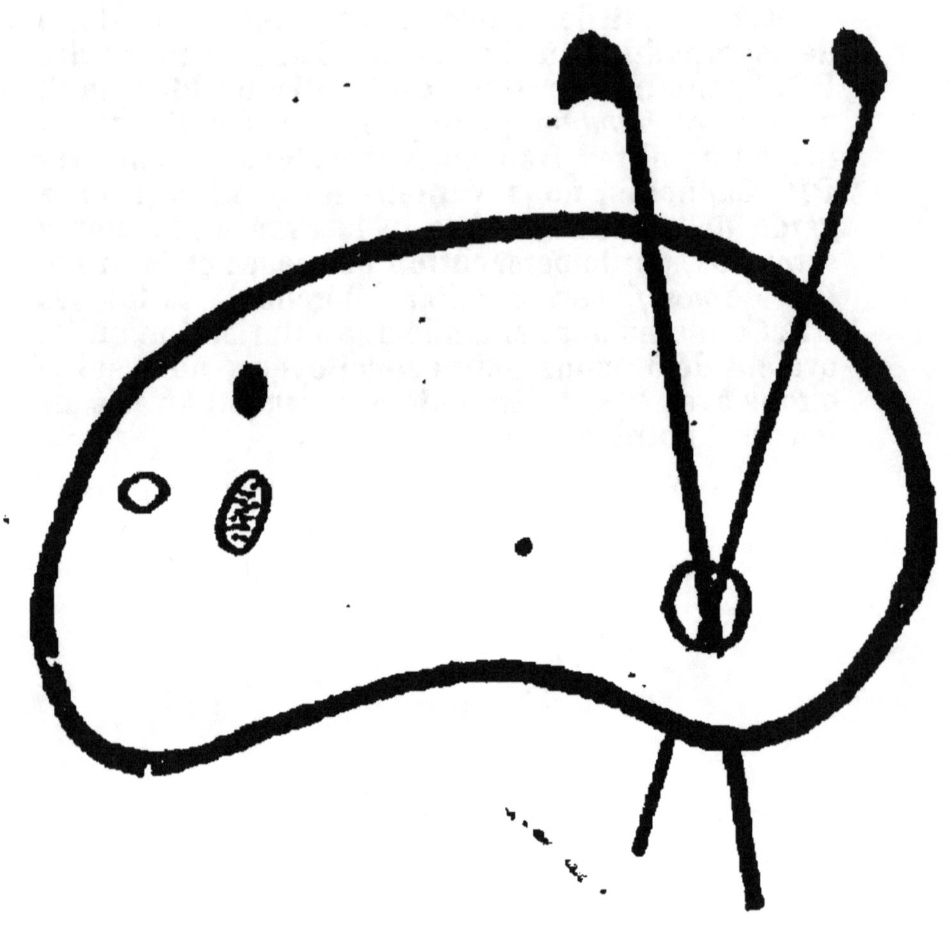